玩出来的课程

丛书主编 鄢超云 余琳

玩帐篷

编写 付国庆 张 玲 赵三苏

复旦大学出版社

图书在版编目(CIP)数据

玩帐篷/付国庆,张玲,赵三苏编写. —上海:复旦大学出版社,2018.6(2024.8 重印)
(玩出来的课程/鄢超云,余琳主编)
ISBN 978-7-309-13665-4

Ⅰ.玩… Ⅱ.①付…②张…③赵… Ⅲ.游戏课-学前教育-教学参考资料 Ⅳ.G613.7

中国版本图书馆 CIP 数据核字(2018)第 093471

玩帐篷
主　　编/鄢超云　余　琳
编　　写/付国庆　张　玲　赵三苏
正文插图/常叶欣
责任编辑/谢少卿

复旦大学出版社有限公司出版发行
上海市国权路 579 号　邮编:200433
网址:fupnet@fudanpress.com　http://www.fudanpress.com
门市零售:86-21-65102580　　团体订购:86-21-65104505
出版部电话:86-21-65642845
上海华教印务有限公司

开本 890 毫米×1240 毫米　1/24　印张 4.75　字数 59 千字
2024 年 8 月第 1 版第 3 次印刷
印数 6 201—8 300

ISBN 978-7-309-13665-4/G·1844
定价:25.00 元

如有印装质量问题,请向复旦大学出版社有限公司出版部调换。
版权所有　　侵权必究

总序：玩出课程，玩出发展
——在游戏中培养儿童的学习品质

四川师范大学教育科学学院教授　鄢超云

每次到成都市第十六幼儿园（"石榴幼"），不管是在教室里、操场上、过道边，总能看到、听到很多有趣的、富有启发性的故事。"石榴幼"的案例，不管是三五分钟的活动片段，还是持续几天几周的系列活动，总是很吸引人。我常常在上课、讲座中提及"石榴幼"的案例，以至于一段时间不去，就会觉得自己的上课很空洞、没有吸引力。

我对这些活动非常感兴趣，也常常鼓励幼儿园将自己的活动总结出来，出成自己（幼儿园自己、老师自己）的专著。根据我跟幼儿园老师打交道的经验，幼儿园老师通常是做的很精彩，说的没有做的精彩，写的没有说的精彩。换句话说，幼儿教师不怕做，但怕说，最怕写。也可以说，幼儿教师写的最差、说的较差。幼儿教师谈论自己的想法、写出自己的想法，正是专业成长的重要途径。

最近几年，我一直在思考"在游戏中培养儿童的学习品质"这个话题，也就沿着"游戏""学习品质"的角度谈些想法，希望对读者理解"石榴幼"的"玩出来的课程"丛书以及"石榴幼"的课程建设有些许帮助。

一、正确认识学习品质和游戏

《指南》明确指出："重视幼儿的学习品质。幼儿在活动过程中表现出的积极态度和良好行为倾向是终身学习与发展所必需的宝贵品质。要充分尊重和保护幼儿的好奇心和学习兴趣，帮助幼儿逐步养成积极主动、认真专注、不怕困难、敢于探究和尝试、乐于想象和创造等良好学习品质。忽视幼儿学习品质培养，单纯追求知识技能学习的做法是短视而有害的。"幼儿教育工作者对这段话应该比较熟悉，但正确理解学习品质却并不容易。

学习品质与知识技能的学习有关，但却不是知识技能本身，而是面对知识技能的态度、是如何学习知识技能的方法、是如何运用知识技能的能力。当提到某个儿童的学习品质时，人们倾向于认为，若这名儿童的知识技能高，其学习品质就好；若这名儿童的知识技能低，其学习品质就差。这是一种误解，误将学习品质当成了知识技能本身。

《指南》里用到的"不怕""敢于""乐于"这些词语，能够很好地帮助我们理解什么是学习品质、什么不是学习品质。比如，面对困难，有的儿童明明具有战胜这个困难的知识技能，但却不愿或不敢去；有的儿童虽然战胜这个困难的知识技能不太够，但却愿意去试一试，失败了也能正确面对。前者的学习品质就没有后者好。在理解学习品质问题上，"态度""倾向"是我们应该重点体会的。

我们再来看一看游戏。

虽然对游戏的定义有众多争论，对其特点也众说纷纭，但如下一些说法人们大致认可：游戏中的儿童具有积极的情绪体验，是一种虚构性活动，强调内在动机、过程导向，游戏是儿童自由选择的活动。

当我们说在游戏中培养学习品质，必须明确的是，这里的"游戏"是具有游戏的上述特点的活动。如果"游戏"已经不是幼儿自由的活动、已经没有积极的情绪体验，这样的活动在学习品质上或许有些益处，但却不是因为游戏带来的。

二、观察游戏中的儿童、游戏中的学习品质

当儿童在热情投入地游戏时，就会有很多学习品质在发生、在被培养。但如果我们根本看不到具体游戏中具体儿童的具体学习品质，通过游戏培养学习品质就会变成形式、口号。

我认为，幼儿园需要持续不断地组织园本教研，以培养幼儿教师观察儿童的意识和相应的能力。我发现，大多数幼儿园教师并不害怕观察，大家怕的是交流、讨论，尤其怕把观察到的、想到的写出来。如果幼儿教师不去讨论自己看到的、想到的东西，专业发展就会受到限制。幼儿园应精心设计教研活动。比如，针对幼儿教师在观察中各看各的、各说各的这样的现象，让两个教师一组，共同观察同一名游戏中的儿童，观察过程中不交流，观察结束再说出自己看到的、想到的，通过这种方式，让教师在观察儿童上是聚焦的，保证大家想说、敢说，能说到一起去。下面是一个教研的描述：

一群儿童在玩秋千。一名儿童着迷于推秋千。他站在秋千的侧面（因而秋千不会打到他），努力地推着秋千，把秋千推得很高，推得很高之后会停一会，站在旁边看，然后又继续推。坐在秋千上的儿童看上去很高兴、刺激，有人喊"上去""上去"，但这名推秋千的儿童却继续按他的方式推着秋千。

两位观察者围绕这名推秋千的儿童，交流他们看到了什么。在谈论他们自己想法的过程中，大家的观察意识、能力都得到了提高。有意思的是，一个老师提出："如果这名'推'秋千的儿童的家长看了这段视频，可能有什么感受？"两位老师对这个问题讨论得很深入，也引发了不少其他老师的参与。有的说，家长会"难受""感觉自己的孩子在下苦力"，一句话，感觉自己的孩子"吃亏了"。也有老师提出要尝试让家长看到推秋千的儿童在这个活动中的学习和发展。比如，大家认为这名儿童推得很好，推得很有策略，比其他好多儿童推的水平都高，推得很有智慧。

这样的园本教研，对教师观察游戏中儿童有何特点、有何需要，儿童在某个具体游戏中有何具体的学习品质是很有帮助的。

要能在游戏中"看到"学习品质，需要观察者对游戏熟悉、对学习品质熟悉、对班级的儿童熟悉。在观察者的脑袋里，要有一张关于游戏的地图，有哪些游戏、什么游戏有什么价值、哪些游戏可能出现什么样的状况；也需要有一张学习品质的地图，有哪些学习品质，什么学习品质容易在什么游戏中出现；还需要一张班级儿童的地图，哪些儿童喜欢什么游戏、不喜欢什么游戏，哪些儿童具有什么学习品质、在哪里容易体现，哪些儿童不具有什么学习品质、在哪里就可能得到培养。

三、开展高水平、有质量的游戏

只有高水平的、有质量的游戏，才能够真正培养起儿童的学习品质。这种有质量的游戏，既强调游戏应该是儿童自己的游戏，在游戏中儿童有自主、自由的机会，也强调儿童的游戏应该是得到恰当支持、引导的。

有研究者指出了儿童游戏的三种水平："混乱失控的游戏；简单重复的游戏；有目的的、复杂的、能够让儿童聚精会神的游戏"[①]。高水平、有质量的游戏，不是混乱失控，简单重复。我看到过类似的游戏：儿童主要是在抢玩具、儿童之间的纠纷多且时间长，老师像"世界警察"一样，忙着到处解决纠纷、调停冲突；儿童对所要做的事情百无聊赖，一直处于低水平的机械重复之中。我曾走入一个正在"自由游戏"的班级里，正在玩游戏的小朋友们都急着跟我打招呼。我想，至少这些游戏对儿童来说，不是"聚精会神"的。

所谓高水平、有质量的游戏，不存在绝对统一的标准，因为幼儿园、班级、儿童是不一样的。或许，儿童的游戏都处在一个阶梯序列上，我们应确保儿童游戏至少处于现在发展水平，并努力向更高水平递进。这让我想起在一些幼儿园关于游戏开展的一些阶段的描述，如区角活动如何"从无到有，从有到用，从乱用到规范，从规范到科学，从科学到特色"。或许对于有些幼儿园来讲，孩子能够进入某一区角"玩起来"就是高水平、有质量

---

① 格朗兰德. 发展适宜性游戏：引导幼儿向更高水平发展［M］. 北京：北京师范大学出版社，2014：10.

的，而对另外有些幼儿园却不是。

四、游戏的某些细节的学习品质培养价值

儿童游戏的进行是由一个一个相互关连的细节组成的。比如，游戏的各个环节，游戏中儿童的某些行为，游戏中教师的某些言行等。我们应该发现这些细节中的学习品质培养价值，进一步利用这些因素，主动培养学习品质。

在游戏的初始阶段，通常面临着玩什么、怎么玩、在哪里玩、和谁玩这些问题，对这些问题的回应，正是儿童积极自主、选择计划的重要时机。在游戏的持续开展阶段，儿童如何与他人互动，如何面对问题，如何产生新想法等，也是非常重要的学习品质时机。在游戏的结束环节，儿童对玩具、场地的收拾、整理，对自己游戏行为的思考，对他人游戏行为的解释等，是学习品质的重要方面。

比如，幼儿园游戏小结这个环节，如果更多的是进行评价，甚至评比，只是指出谁表现好、谁表现不好之类，其学习品质培养价值就不大。如果能够注意到"反思与解释"这样的学习品质，将游戏小结和反思与解释联系起来，就会很不一样。从反思的角度来看，儿童是如何描述他刚经历过的事件的？关注了什么，忽略了什么？这样，游戏小结就变成了儿童自己的对游戏的小结，而不是教师喋喋不休地在那里小结。从解释的角度来看，既可能是解释他人也可能是解释自己，儿童的解释反映着他们的思维。这样，儿童小结就变成了儿童认识的展示、交流甚至交锋。

儿童的游戏，是由一系列的游戏行为、事件所构成的。通常情况下，我们更容易看到类似合作、探究这些行为中的学习品质，不太容易看到纠纷、游荡、旁观、打闹、发呆可能也蕴含着学习品质的培养机会。在游戏中，难免会发生一些纠纷。有些老师会害怕纠纷，当纠纷发生时立即介入、化解纠纷。而有的老师则将游戏中的纠纷视作宝贵的教育资源，让儿童在纠纷中成长。有些幼儿园的游戏中有警察，有些幼儿园有"和平谈判桌"，其目的都是引导儿童自主解决纠纷。在完全的自由游戏中，可以看到有的儿童在旁观、游荡，有的儿童似乎只是简单打闹甚至发呆。对于这些行为，不可一概判断为不够专注、投入，而应做一些具体分析。有的儿童看似旁观、闲荡，实则是在比较、分析、选择和判断。

在游戏中，如果我们这样说、这样做，就可能会有利于某些学习品质的培养；如果我们那样说、那样做，就不利于某些学习品质的培养。比如，当儿童失败时，更多地讨论没有做出相应的努力，而不是能力不足；当儿童面对压力时，更多地向儿童谈论成人面对这些压力时的感受、情绪，而不是简单地鼓励儿童你能行；当儿童完成某一任务时，更多地赞扬儿童的某些具体方面，而不只是简单地鼓励、空洞地表扬……

总之，游戏的价值众多，培养学习品质是其一；学习品质培养的途径众多，游戏是其一。游戏与学习品质如同一对孪生兄弟，相互支持、相互促进。在高水平、有质量的游戏中，儿童的学习品质能慢慢形成，这不仅对其入小学，而且对其未来的学习乃至终身发展都有益。在"玩出来的课程"这套丛书里，我们能够看到教师是如何通过高质量的游戏促进儿童学习品质的发展的，期望对广大读者朋友们有所启发。

前言

　　这是一个由桌子底下的游戏引发的活动案例。一天，该活动的实施者张玲老师很兴奋地跟我分享了一段幼儿钻到桌子底下去玩的视频，并告诉我说孩子的行为让她感受到了孩子的某种兴趣或需求，但又说不清楚是什么。听了张老师的分享，我很是感动，感动于她对孩子的尊重与认可。若不是对儿童怀有一颗敬畏之心，相信孩子的行为背后都暗含学习的价值，趴在地板上、钻到桌子底下去玩的行为也许就会被禁止，也就不会有后续"玩帐篷"这个活动了。因此，对儿童始终怀有一颗敬畏之心是我们发现儿童的前提。

　　这是一群平均年龄只有3.5岁的孩子玩出来的活动案例。活动经历了从桌子底下玩到玩搭帐篷再到玩帐篷医院三个阶段。可以说该活动刷新了我对小班孩子的认识。在整个活动实施中孩子们所表现出的自主性以及问题解决能力着实让我惊叹！当老师为孩子们提供了帐篷时，我们都没有想到孩子们会提出自己来搭帐篷；当搭帐篷遭遇问题与挑战时，孩子们并没有放弃，而是积极思考并努力尝试各种解决问题的办法。当帐篷医院没有病人时，孩子不是原地等待，而是想出了给小动物看病、在医院门口喊号、主动寻找病人等方法解决无病人的问题。在孩子们解决问题的过程中，有些办法看上去似乎很幼稚，但很符合小班孩子的思维特点。同时，她们解决问题的方法也带给我们很多惊喜，比如当不知道怎么搭新帐篷时，孩子们竟然会借助说明书来帮助自己了解帐篷的结构。看说明书是孩子们在家庭生活中习得的经验，可见孩子们丰富的生活经验是课程活动得以精彩呈现的重要条件。

这还是一个以儿童为中心、教师不断地追随儿童的兴趣而生成的非预设活动。可以说这样的活动对教师的专业素养要求极高。教师不提前预设活动的走向,而是在活动实施中随机把握教育的契机,发现儿童的学习与发展线索。"玩帐篷"活动推进中,由于小班孩子缺乏规则意识及合作能力,常常在合作中发生冲突与矛盾,致使游戏无法继续。每次张老师都会及时叫停游戏,组织孩子们讨论,在讨论中让孩子们明白遵守共同的游戏规则的重要性,学会对他人有同理心、学习同伴合作的方法。张老师能够很好地把握每一次介入游戏的契机绝非偶然,因为她明白:对小班的孩子来说学习如何与他人相处至关重要;幼儿与他人之间的关系将直接影响到孩子自信心及归属感的建立,缺乏自信心与归属感的孩子将无法完全释放自己的心灵,从环境中主动地汲取营养来获得发展。正是因为张老师知道对小班孩子来说什么是重要的,她才会抓住一切教育契机帮助儿童发展同伴交往的能力。因此,这种生成式的活动虽不是教师提前预设的,但不代表教师心中没有任何的目标,相反,教师心中应当装有儿童学习与发展的三张地图(即,该年龄阶段孩子的学习与发展地图、本班级幼儿的学习与发展地图以及本班每一位孩子的学习与发展地图),只有教师心中有目标才能及时地把握住儿童学习的契机。

此外,教师除了心中有儿童学习与发展的地图外,还需要懂得观察、解读与支持儿童的方法。其中,如何解读与支持常常是教师实施活动的难点。为此,在整个活动的实施过程中我常常会与张老师一起解读孩子的行为,一起探讨支持幼儿游戏的方法。在此,我也想特别感谢毕业于新西兰惠灵顿维多利亚大学的教育学博士周菁,她为整个活动的实施贡献了智慧。当我们遇到困惑与问题时,常常会与周菁老师探讨,寻求周菁老师的帮助。她通常不会为我们提供具体的解决方案,但却会为我们提供了新的视角和新信息,这些新视角给我们很大的启发。周老师说:"整合信息和建构理论是你们自己的事情,我不提供解决方案,只提供新视角和新信息,这样才是属于你们自己的学习和成长过程。学习就是这样的。"周菁老师在指导我们开展活动时所秉持的这种开放的、自主建构的理念也深深地影响着我们对孩子的教育。在活动实施中，孩子遇到问题我们不会直接告诉孩子答案，而是启发孩子自主思考解决问题的办法。我们尊重每一个孩子的想法，哪怕这个想法是不能成功的，我们也鼓励孩子大胆去尝试，因为学习是孩子自主建构的过程，作为教师，我们的目标就是去发现孩子的兴趣，然后思考怎样激发他们更深、更广、更主动地参与，虽然在参与过程中每个孩子可能获得学习成果会有所不同，但每个孩子都在自己的水平上有所增长，这才是真正的学习。

在解读与支持孩子活动的过程中，我们也常常担心不能准确地识别孩子的兴趣。周菁老师告诉我们："识别是教师对幼儿当时的心理解读，不是绝对客观的，不存在好坏、对错，最糟糕的结果无非就是教师的回应没得到孩子的认可。"她告诉老师们不要为此沮丧，而要不断努力去"注意—识别—回应"。如果回应无效就继续去注意，看看孩子为什么不回应你，他在回应什么，他到底在做什么，到底对什么感兴趣，然后再去识别和回应。一直用这个思路真实、客观地呈现孩子的学习过程，就会越来越明白孩子行为背后的想法，越来越走近他的心。一路走来，周菁老师给了我们很多前行的勇气，也在不断地转变着我们对儿童、对学习的看法，让我们越来越相信儿童的力量。观念的转变，让我们在支持儿童游戏不断地走向深入的过程中形成了"敢说、敢想、敢做"的班级文化。我想正是这样的班级文化才使得我们的孩子愿意挑战自我，有强烈的学习愿望，乐于思考、勇于尝试，表现出令人惊叹的问题解决能力。

一个活动的顺利推进和出版并不是一件容易的事情，它需要多方的努力和配合。在此，要感谢活动实施者张玲老师的辛勤付出。在整个活动实施中，她一直努力地追随儿童的游戏兴趣，努力学习实践支持儿童的各种方法，并利用许多自己的休息时间整理对儿童的观察记录。感谢付国庆老师在该活动实施过程中对张玲老师的支持，并对整个活动进行了专业细致的梳理，不仅呈现了整个活动的实施过程，还呈现了整个活动背后儿童的学习及教师的思考。感谢余琳园长在解读与支持孩子方面给予老师们的专业引领，让老师们能够更好地读懂儿童，了解孩子的学习特点。同时还要特别感谢班级的另一位教师吴晓东老师，在活动实施中承担了更多的班级常规工作，给了张玲老师更多的时间和精力来观察和支持孩子们的游戏。正是大家的共同努力，才最终成就了《玩帐篷》这本书。

最后，还特别想感谢这群可爱的孩子们。在支持他们游戏的同时，他们也让我们学习、成长。

像"玩帐篷"这种不断追随幼儿的兴趣而生成的课程活动对幼儿教师观察、解读与支持儿童的能力提出极大的挑战。为了让广大读者在阅读此活动时除了了解整个活动的实施过程，还能了解儿童在整个过程中的学习与发展以及教师支持背后的教育意图，该书专门设计了辅栏。辅栏一共设置了四个小栏目，分别是：解读、支持、注释、反思（用四个不同造型的十六幼娃娃进行区分）。其中，"注释"主要是提供一些相关的背景信息，以便于读者更好地理解活动内容；"解读"主要是对儿童行为背后的意图、隐含的学习等进行解读；"支持"主要是对教师支持行为背后的理念、意图及意义进行阐释；"反思"主要呈现教师在整个活动实施中对自身教育行为的反思以及对幼儿的新认识。这四个栏目很好地将教师观察、解读与支持儿童背后的所思、所想、所感呈现了出来，对幼教同行开展类似的课程具有一定的参考及借鉴价值，期望对大家有所启发。

编　者

2018.5

目录

课程缘起 …………………………………………… 1

一、桌下娃娃家 …………………………………… 3

    1. 怪兽来了,快躲到桌子底下去 ……………… 4

    2. 我们有大大的家了 ………………………… 8

二、初搭帐篷 ……………………………………… 12

    1. 帐篷被挤垮了 ……………………………… 13

    2. 我们自己搭帐篷 …………………………… 16

    3. 我们试试工具吧 …………………………… 22

    4. 我们合作搭帐篷 …………………………… 26

    5. 哭泣中学习遵守规则 ……………………… 33

6. 用自己的方式融入游戏 …………………………… 37

三、再搭帐篷 …………………………… 40

1. 学习看说明书搭新帐篷 …………………………… 43
2. 让新帐篷不倒的方法 …………………………… 50

四、帐篷医院游戏 …………………………… 59

1. 帐篷医院游戏的萌发 …………………………… 60
2. 医生拒绝看病后的讨论 …………………………… 64

五、医院游戏——从模仿到创意 …………………………… 68

1. 以情景剧丰富幼儿做医生的经验 …………………………… 69
2. 多种方法找病人 …………………………… 74

3. 曹曹医生学开处方单 …………………………………… 78

六、为医院取名——融入更多学习 …………………… 84

七、无处不在的医院——无处不在的学习 …………… 89

启示 …………………………………………………… 92

后记 …………………………………………………… 95

课程缘起

  这是一群平均年龄只有 3.5 岁的孩子产生的小组学习课程案例。在我学习的教育理论里，小班孩子多以平行游戏为主，但这个案例却让我看到了小班孩子大量的同伴交往与合作行为；在我的认识里，小班孩子的游戏多体现为对材料的重复操作，但在这个案例

注释
课程中的幼儿正处于小班下学期。

中我却看到了小班孩子操作中的探究及经验的提升与迁移运用。在观察和支持孩子们不断实现自己想法的过程中,我深深地感到,幼儿教师的工作,不能墨守成规,要相信自己的判断,要随时警觉,因为一切自然发生的学习与精彩都在瞬间,发现了、抓住了、持续了也就实现了教师的教育和儿童的学习。同时,这个案例也让我认识到小班孩子不只是简单的玩玩而已,他们愿意挑战自我,有强烈的学习愿望,会自主学习,他们身上隐藏着巨大的能量,在我支持他们游戏的同时,她们也让我学习、成长。

注释

该课程实施的理论基础是皮亚杰的建构主义。建构主义的课程内容不是教师提前预设的。课程的来源主要是基于儿童的兴趣,但也包含教师的兴趣以及教师对能够使儿童感兴趣的课程内容的判断。因此,基于建构主义的课程是自然发生的,是对儿童表现的一种反映,是教师基于儿童的兴趣不断生成。

一、桌下娃娃家

1. 怪兽来了,快躲到桌子底下去

支持

发现儿童兴趣是课程的起点。

晨间游戏时,天天大喊:"怪物来了,我们快躲起来吧!"

达布、天天、璇璇三个小朋友便趴到了桌子底下。她们还拿了一些海洋球、雪花片、纸筒等材料在桌子底下玩了起来。(图1-1)

图1-1

这个游戏持续了好几天，每天都是先有人大喊一声"怪兽来了"，然后几位小朋友争先躲到桌子下面玩了起来。（图1-2）

图1-2

孩子们这样的行为一般状态下是要被制止的，因为安全、卫生、规则，但我却对这不寻常的行为感兴趣，我相信孩子行为背后一定隐藏着某种兴趣或需要。但我却把握不准他们是对躲避怪兽的游戏感兴趣，还是喜欢在桌子底下这种半隐蔽的空间中游戏，我只能

解读

钻到桌子底下玩是孩子们之前从来没有出现过的游戏行为。在游戏过程中孩子们非常投入和快乐。该游戏一连持续了好几天，由此判断孩子们喜欢在桌子底下玩。

反思

相信孩子的行为是有意义的，反映着孩子的某种需要。如果没有这样的认识，我们可能会对孩子的行为视而不见，甚至加以干预阻止。我对孩子桌子底下的游戏感兴趣正是基于这样的信念。

对自己的猜想进行一一验证。

我给孩子们分享了怪兽的故事（图1-3），也在班级为孩子们提供了大量怪兽的图书。孩子们对怪兽的故事很感兴趣，但后续游戏中关于怪兽的话题并没有延续，只是每天在钻到桌子下面去的时候会重复喊："怪兽来了，我们快躲到桌子下面去！"

> **支持**
>
> 有效的支持基于准确的解读，但在实践中我们往往无法一次就准确地判断孩子的兴趣，这很正常。因为对于小班的孩子，我们很难通过儿童的表达来获取信息，更多是从儿童的游戏行为中去领会。

图1-3

我们录制视频细致解读孩子们桌下的言行，（图1-4）发现孩子们的桌下游戏跟怪兽并不相关，"怪兽"只是孩子们钻到桌子下的一个理由。他们热衷的是把玩具搬到桌子下面躲起来玩耍，而且基本只是简单地摆弄。于是，我放弃了"怪兽"这条线索，开始为孩子们制造一个半隐蔽空间的尝试。

图1-4

支持

儿童游戏时的语言是分析判断儿童兴趣的重要途径。但在实践中我们很难一次就记住并听懂儿童的语言（尤其是小班幼儿的语言表达还不够清楚）。录像的方法能够帮助记录儿童的语言并有助于事后反复倾听与分析。

反思

当解读不准确时，我们唯一能做的就是继续解读，继续支持，然后观察儿童的回应。

2. 我们有大大的家了

图 1-5

我把班级里所有桌子都拼在一起。(图 1-6)

璇璇:"达布,快来!我们有个大大的家了!"

孩子们兴奋极了,迫不及待地搬了许多东西到桌子底下玩起来。(图 1-7)连续几天,他们都热衷于钻到大大的桌子底下。或许是得到老师的认可与支持,孩子们钻到桌子下面前不再有"怪兽"这个引子,至此,我也确定了孩子们是对在桌子底下这种半隐蔽的私密空间玩感兴趣。

支持

通过拼桌子回应并确认儿童的兴趣。

解读

当儿童表现出以下行为时可能表示儿童对此活动感兴趣:一是儿童在游戏中不断调整改变自己的行为并重复操作;二是儿童聚精会神地投入游戏;三是儿童对自己参与的游戏兴趣高涨、心情愉悦。当教师观察到儿童这样的行为表现时就该引起注意。孩子们兴奋的表情说明孩子们对这种半隐蔽的空间很感兴趣。

图 1-6

图 1-7

> **注释**
> 这样的猜测一是基于"桌子下""遮挡"这样的一些关键词分析得来;二是基于自己的教育经验——以前所带班级幼儿就喜欢在半隐蔽的大纸箱里面玩。

解读

幼儿从随意玩到有了角色扮演。通过对话可以看出孩子们把桌子底下当成家了。

一周后,桌下游戏有了新的行为出现。

天天:"璇璇,你在家等着。我去买点水果回来吧!"

达布:"那我去买宠物回来,我们可以在家里养宠物。"

康康:"我可以到你们家来做客吗?"

璇璇:"当然可以。请进!我请你吃水果,我们家还有宠物呢!"

插画 1-8

就这样，孩子们把大大的桌下当成了家，起初的桌下随意玩玩慢慢生发出了娃娃家的主题。

但就让孩子们这样玩下去我是不满意的，一是3月的成都，乍暖还凉，凉凉的地面不是我愿意让孩子久呆的地方。二是在桌下游戏的孩子腿和脚经常都会露在外面，有绊倒同伴和被踩的风险。找一个可替代的办法是我的当务之急。于是我想到了帐篷，我向家长们发出了帐篷征集消息，以支持孩子们持续的游戏兴趣。

解读

从随意玩到有主题地玩，孩子们已经把桌子底下当成一个可以持续游戏的游戏场所了，也再次间接说明了孩子们对半隐蔽游戏空间的兴趣。

注释

之所以选择帐篷，原因如下：

一是因为帐篷能满足孩子们在隐蔽空间玩的需要；二是生活中孩子们常常会接触到帐篷，并不陌生，能保证游戏持续而不受影响。三是帐篷能满足孩子们已发展的娃娃家游戏。

二、初搭帐篷

1. 帐篷被挤垮了

家长们很快为班级捐赠了2顶帐篷。一大早我便为孩子们搭好了一个,期待着他们与帐篷的邂逅。孩子们陆续来园,看到帐篷开心极了,争先恐后地钻进帐篷。瞬间帐篷挤满了人,孩子们在帐篷里闹腾着、欢乐着,不一会就把帐篷挤垮了。(图2-1)

> **反思**
>
> 此时,我没有想过让儿童自己搭帐篷,因为我认为这超出了3岁孩子的能力与水平,在内心深处我还是不够相信儿童。

图2-1

解读

儿童发现了问题所在,这将引发新的学习。

支持

第一次讨论,预设目的是想让他们建立进帐篷的规则,诸如只能进几个小朋友之类的规则。

教师持续的关注与及时介入是小班游戏持续深入推进的关键。当幼儿游戏处于失控的状态时,教师及时介入是必要的。

一次又一次,帐篷被扶起又被挤垮,当帐篷里再一次挤满了人以后,璇璇把帐篷的门关上了,并果断地说:"不能进来了,不能进来了!"

可是有的孩子还是想进去。

我让孩子们安静下来,并组织了第一次讨论。(图2-2)

图2-2

我说:"为什么其他小朋友不能进来了呢?"

璇璇说:"装不下了,装不下那么多人了。"

硕硕说:"人太多了帐篷会倒的。"

扣扣说:"帐篷垮了我们就谁也玩不成了。"

我说:"那怎么办呢?"

硕硕说:"可以再搭一个帐篷啊!"

孩子们并未如我预设的那样以建立规则来解决问题,而是有他们自己的想法,我决定尊重孩子的想法。

反思

之所以选择尊重孩子的想法是因为基于建构主义的课程理论,引导幼儿产生自我导向型行为是关键。学习最终取决于幼儿,当幼儿没有动机时,教师的传递不能直接导致学习的发生。

2. 我们自己搭帐篷

我把另一个帐篷拿了出来。想着他们都是刚满三岁的孩子,决定帮他们再搭一个帐篷满足他们的愿望。没想到孩子们强烈要求由他们自己来搭帐篷(图2-3)。

图2-3

解读
从建构主义的观点来看,儿童是天生的科学家,只要给他们机会,他们就会参与到他们自己的实验和问题解决中。

解读
此时孩子们的兴趣已从到帐篷里玩转移到搭帐篷了。

图 2-4

孩子们的要求让我很吃惊,我问:"你们会搭帐篷吗?"

硕硕:"我看我爸爸搭过,就是要把管子穿进帐篷里。"

璇璇:"我们家里就有帐篷。把管子穿好,撑起来就是帐篷了。"

航航:"我跟爸爸妈妈一起出去玩就住过帐篷。我

解读

幼儿有搭帐篷的间接经验。

没有搭过,但我可以学习。"

虽然此时我内心不太相信一群3岁多的孩子可以搭好帐篷,但尊重他们的愿望,让他们试试,哪怕失败也是一次不错的经历啊!于是我再一次选择了顺应,并期待困难给孩子们带来更多的学习机会。(图2-5)

图2-5

这是一顶需要穿三根管子完成搭建的帐篷。硕硕和扣扣刚把帐篷拉起来,璇璇就钻进去了。硕硕和扣

> **支持**
>
> 随着孩子的成长,他们会逐渐由依靠成人发展为更加的独立和自主。促进孩子自主性的发展,让孩子建立起自己是"有能力有自信的学习者"的自我认知是小班的重要教育目标。要实现这样的目标,我需要给孩子们机会,让他们自主解决问题,让他们在自我主导的情境中自主尝试,这样的体验能够促使他们变得的独立、自信。

扣很着急，一放手，帐篷倒塌了。（图2-6）

图2-6

这样反复了两次，帐篷没有搭好，人就进去，帐篷又塌了。于是，我组织孩子们开展了第二次讨论。（图2-7）

图2-7

反思

建构主义的课程是以"问题"为基础的，是鼓励儿童自主探究的。搭建帐篷为儿童提供了解决问题的情境，让儿童有机会进行猜想并验证他们的想法，从而促进他们的理论建构。

支持

组织第二次讨论，让孩子们不要着急，懂得搭好才能进去的规则。

小班幼儿还没有通过运用语言、解释感受来解决问题的经验，因此教师在幼儿游戏出现问题时及时介入至关重要。

解读

孩子们已经有了合作分工的意识。

我说:"帐篷怎么塌了呢?"

硕硕:"管子还没有穿进去,中间没有立杆!"

扣扣:"应该要有个人把上面提起来,另一个人来穿管子!"

璇璇:"我们要合作一起穿才行!"

我说:"那我们一起重新再搭一次吧。"

这次,康康提着帐篷,璇璇负责穿管子(图2-8),可璇璇穿了很久才穿了一根管子,帐篷仍然摇摇

图2-8

晃晃。孩子们开始对穿管子失去耐心。这个尝试暂时以失败告终。(图2-9)

图2-9

反思

孩子们的失败在我预料之中,一是他们的确还没有足够的耐心可以长时等待,二是他们的大肌肉和小肌肉发展都不足以支持他们一次性完成这样的挑战,再者,他们只有搭帐篷的间接感知,还没有直接经验可运用。

3. 我们试试工具吧

图 2-10

正当璇璇发愁时,硕硕从娃娃家找来了工具箱。(图 2-10)

硕硕说:"搭帐篷需要工具,我爸爸就用了这些工具。"

> **注释**
> 儿童的游戏行为受已有经验的影响,曾经看爸爸妈妈搭帐篷的经历以及动画片中看到的搭帐篷的情节是儿童能够想到利用工具来搭帐篷的缘由。

达布说:"这样肯定可以,因为小猪佩奇的爸爸就是用榔头钉的帐篷。"

孩子们拿来玩具榔头、钳子、锯子、螺丝刀等工具,开始在帐篷顶面捶啊捶,敲啊敲,像模像样地玩得不亦乐乎。(图 2-11)

图 2-11

孩子们的幼稚行为可笑又可爱,我没有制止,虽然我明白他们这样使用工具是无法实现帐篷搭建的,但游戏的目的不就是让孩子们积极思考、大胆尝试吗?我决定就让他们在这样的敲敲打打中快乐地玩一会儿吧。(图 2-12)

 解读

儿童具有搭帐篷要使用工具的间接经验,但并不清楚工具的具体用途和使用方法。

支持

儿童认知建构的过程是充满错误、冲突和矛盾的过程,儿童只有经历这样的过程才能建构新知。所以,明知道此方法不行,也鼓励儿童去尝试、去验证。

解读

这很符合小班孩子的探究特点,他们在探究的过程中行为的目的性不是那么强,目标很容易转移,没有老师的引导容易沉浸在简单动作的重复操作上,而忘记了对自己行为的结果进行观察与反思。

图 2-13

孩子们就这样敲了很长时间,越敲越起劲,完全沉浸在重复敲打帐篷的乐趣中,似乎已经忘记了自己敲打的目的是什么。我明白,孩子们的兴趣已从搭建帐篷转移到了玩工具材料。待孩子们略显满足后,我尝试将孩子们的注意力重新转移到解决问题上,于是我向孩子们提出了问题,引发了第三次讨论。(图 2-13)

我说:"你们用工具敲,帐篷立起来了吗?"

孩子们说:"没有。"

支持

第三次讨论引发孩子反思,明白这样使用工具是无效的。

图 2-13

我追问:"为什么呢?"

孩子们无法回答这个问题,显然他们并未发现其中的缘由。使用工具成了孩子们搭建帐篷过程中的一个插曲,但孩子们着急的情绪在玩工具的愉快中得以舒缓。

反思

印证了迂回曲折的游戏是儿童自主建构的重要特征。

4. 我们合作搭帐篷

图 2-14

讨论虽然没有继续,但孩子们的思考在继续。

达布:"工具没有用,还是得把管子穿好才行。"

璇璇说:"对,我们要把这些管子全部穿进去才可以,刚刚我们只穿了一根管子,帐篷肯定立不起来。硕硕,你帮我拿着帐篷的上面,我再来穿。"(图 2-14)

 解读

孩子们在失败中总结穿好管子才是搭帐篷的有效方法。

康康跑来说:"我来帮你吧!"(图 2 - 15)

图 2 - 15

硕硕接受了璇璇的建议,一直拉着帐篷的顶面。璇璇从底部开始穿第二根管子,康康似乎帮不上忙,但他认真地看着璇璇,也算是一种参与吧。于是孩子们有了第一次合作搭帐篷。

此时,班级年龄最大的璇璇成为了搭帐篷团队的领导者,她自信、主动、不急躁、有想法、会组织,孩子们很信任她。在她的组织下,孩子的探究有序地推进着。

穿了两根管子,帐篷立起来了,孩子们兴奋地一

解读

儿童社会性学习最好的途径是参与社会性活动。他们在与同伴的互动中建构对"合作"的理解。

图 2-16

 解读

缺乏规则意识、合作意识以及换位思考意识是小班幼儿普遍存在的问题。

窝蜂往帐篷里钻。

这时璇璇还有一根管子没有穿好,但因为帐篷不停地晃动,璇璇弄了很久都没法穿进去。璇璇变得很生气,并大喊:"出来,出来,我还有一根管子没有穿好呢!"(图 2-17)

图 2-17

这时，我把游戏叫停了，因为孩子们的行为已经让游戏无法继续。（图2-18、图2-19）

图2-18

图2-19

解读

孩子们虽有合作，但并不懂得如何合作。而且小班的孩子想问题、做事情更多的是从自己的角度出发，不太会考虑他人的感受。

我想这次矛盾的爆发正是让孩子们学习同理心、学习真正合作的良好契机。

> **支持**
>
> 第四次讨论预设目的是让孩子们知道璇璇生气了，让孩子们感受自己的行为给璇璇带来的困扰，学会站在璇璇的角度思考问题，学会彼此倾听。

> **支持**
>
> 儿童要学会与他人相处，理解他们所处的日益复杂的社会。我们需要为儿童提供温暖的、支持性的关系——当与同伴相处遇到问题时，受到的不是责备，而是信任与理解。
>
> 让孩子经历从简单的交流互动到复杂的冲突协商的过程，孩子才能建构对人际关系的认知，学会与人相处的技巧。

我组织了第四次讨论（图2-20）。

图2-20

我说："璇璇为什么生气了？"

康康："我们太吵了。"

天天："我们不该拥挤。"

我让璇璇拿出没穿进去的管子给大家看，并让璇璇讲出她生气的理由："这个帐篷要穿三根管子，可现在还有一根管子没穿进去，你们这样进去，帐篷还是会倒塌的！"

我对其他小朋友说："合作就是要大家一起努力，然后一起享受胜利的果实。你们能等璇璇穿好了再进

去吗?"孩子们纷纷点头。(图2-21)

图2-21

discussion后,孩子们再次开始合作搭帐篷,有的拉帐篷顶让帐篷立起来,有的拉帐篷的身子不让帐篷摇晃,有的拿着管子后端用力推以助力璇璇穿管子,还有的主动担任起护卫员,提醒其他旁观的小朋友不要靠近。在大家的齐心协力下,帐篷终于搭好了!这次成功合作的体验,一定让孩子们感受到了合作的力量。

很神奇,在以后的日子里,孩子们每天都会井然

> **支持**
>
> 叫停游戏,通过让儿童交流和分享自己的想法,能够让儿童学习站在他人的角度思考问题,让儿童学习理解并尊重他人的想法。

图 2-22

有序地分工搭建帐篷,而且越来越熟练,搭建帐篷成了孩子们帐篷娃娃家游戏最重要的一个部分。(图 2-22)

学会分工合作对小班的孩子来说是一个挑战。任何一个技能的学习都不是一蹴而就的,孩子需要在实践中反复体会和练习。搭帐篷活动恰好给孩子们创造了学习合作的机会。

反思

孩子们在搭帐篷中的表现实际上已经超出了我的预期,让我对小班的孩子有了新的认识。虽然小班孩子的游戏更多的是平行游戏,但合作游戏也是可以实现的,关键看我们是否相信孩子能合作,是否给孩子创造了合作的环境,是否耐心等待孩子慢慢学习合作,以及我们是否引导孩子学习合作。

5. 哭泣中学习遵守规则

图 2-23

吃完早饭，璇璇和几个小伙伴又开始搭帐篷！她们分工明确、技能娴熟。可今天伦伦却不停地摇帐篷，大家都很生气，但却无法制止伦伦。（图 2-24）

图 2-24

 解读

不理解规则、不懂得遵守规则是小班幼儿常有的现象。

解读

用合理的行为达到目的,这是伦伦学习理解规则的契机。

伦伦的行为让孩子们的游戏无法继续,大家开始焦躁起来。我把游戏叫停了,一是想让孩子们感知如何解决问题,二是想听听伦伦的想法。(图2-25)

图 2-25

我对伦伦说:"你告诉大家为什么要一直摇晃帐篷呢?"

伦伦说:"我想进去玩。"

璇璇说:"没搭好不能进去,而且你一直摇我们根本没办法搭。"

伦伦说:"那搭好了我就进来玩。"

达布说:"必须要搭帐篷的小朋友才可以进去。"

伦伦同意不再摇帐篷,但在后续搭帐篷时她也没有参与。

帐篷搭建好了,小朋友们都进去玩了,伦伦却在一边哭泣。

硕硕:"你怎么了?"

伦伦说:"她们不让我进去。"

硕硕:"为什么呢?"

> **解读**
> 幼儿在解决问题中自主建立了游戏规则,并体会着合作游戏时建立规则的重要性。

图 2-26

> **解读**
>
> 儿童需要通过他们自身的心理活动与身体活动,来建构社会知识,伦伦的经历正是通过自己的亲身体验建构"遵守共同的游戏规则"是加入同伴游戏的前提的认知,伦伦正在发展融入团队的能力。

> **注释**
>
> 这印证了幼儿园的研究成果——"幼儿自主建构的游戏规则是随游戏推进而产生的。"

伦伦:"因为我没有搭帐篷。"

硕硕:"那你下次和她们一起搭帐篷就可以进去了啊!"

"只有搭帐篷的人才能到帐篷里去玩。"伦伦的哭泣,让孩子们都明白了这个规则。

这个规则建立的过程是我意料之外的,原以为孩子只是随口说说的一句话,却成了游戏规则,或许孩子们早已默认了这样的规则,只是今天伦伦事件让规则明确化了。

6. 用自己的方式融入游戏

图 2-27

这天，小米来晚了，看着好朋友们都在帐篷里玩，也很想进去（图 2-27），但她非常清楚没有参与帐篷搭建是不能进去玩的。她来到帐篷门口，嘴里喊着："打雷了，下雨了。"同时把头伸向帐篷问里面的伙伴："我可以

解读

小米非常智慧地企图通过创设情境的方式获得参与游戏。

解读

对小班的孩子来说既要遵守游戏规则又要玩到自己想玩的游戏，的确是他们必须经历的学习。

小米今天至少经历了三个学习过程：一、力图通过制造"躲雨""躲怪兽"的情景进入帐篷是学习；二、反复被同伴拒绝依然保持乐观的态度也是学习；三、以内外互动的方式加入游戏是更有意义的学习。

进来玩吗？"

朋友们拒绝了她，理由是她没有搭帐篷。（图2-28）

图2-28

被拒绝的小米并没有因此而沮丧，而是自言自语到："太阳出来啦，我不进来了！"

很快调整好情绪后，小米又对帐篷里的小朋友说："怪物来了，怪物来了，我可以进来吗？"但遵守规则的小朋友仍然以她没有搭帐篷为由拒绝了她。

不能进帐篷玩的小米开始给帐篷里的小朋友送东西，一会儿做饭递给帐篷里的小朋友，一会儿送玩具给帐篷里的小朋友。(图 2-29)就这样,帐篷外的小米以自己的方式融入到帐篷里小朋友的游戏中。旁观了小米整个游戏过程的我被小米的乐观、智慧与执着深深打动。

> **反思**
>
> 游戏中的困难,正是孩子用积极的心态学习的最好契机。作为教师,我们就是要让孩子们亲身去经历这些困难,自主去解决这些困难。

图 2-29

三、再搭帐篷

搭帐篷游戏已经玩了一段时间,孩子们搭帐篷的技术也越来越娴熟,孩子们可以很快把帐篷搭好,然后在帐篷里玩过家家的游戏。一天小米跑来对我说:"张姐姐,帐篷太小了。我也想进去玩,可是都没有位置了。你可以再给我们一个更大的帐篷吗?"

发现孩子的兴趣是让我最兴奋的事情,因为孩子的兴趣是我支持他们深入探究的线索。于是,我为孩子们提供了一个更大的、搭建方法不同的帐篷。(图 3-1)

图 3-1

 支持

为孩子们提供一个搭建方法与前一个帐篷完全不同的帐篷,是想将孩子们置于更大的挑战中,因为我相信有了合作经验的支持,孩子们能接受更多新的挑战,这也是他们需要的递进式学习。

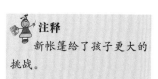

注释

新帐篷给了孩子更大的挑战。

该帐篷需要孩子们先把帐篷身体打开、摆正、立起来,然后再打开房顶,将房顶与房身连接起来。要搭建好这顶帐篷,无论是分清帐篷身、帐篷顶,还是搭建步骤、连接方法,对孩子们来说都是挑战。我不知道孩子们能否成功,就这样在忐忑中期待着。

1. 学习看说明书搭新帐篷

图 3-2

新帐篷是方形的。由于孩子们的经验还停留在过去圆形的帐篷结构上,他们折腾了好长时间帐篷仍然东倒西歪,主要原因是不知道帐篷的底部在哪里,不能摆正。虽然发现了孩子们有困难,但我并未像他们第一次搭帐篷时那样组织他们讨论,因为他们表现出

反思

相信儿童是有能力的学习者是支持儿童应持有的儿童观。

的耐心和不吵不闹的合作让我对他们充满期待和信任。（图 3-3）

图 3-3

这时，天天发现装帐篷的袋子里有说明书："璇璇，这里有图，我们可以看这个图来搭。"

璇璇拿过来认真地看了一会儿，肯定地说："这个就是我们要搭的帐篷。"（图 3-4）

孩子们开始研究说明书了。

天天说："你看这个帐篷不是圆的，是长方形的，

注释

孩子们为什么会有看说明书的意识，这让我想到了他们的家庭。首先发现说明书的天天的爸爸就是一位地铁设计师，每天和图纸打交道，耳濡目染的天天也就多了几分对图纸的敏感。可见，家庭经验对孩子学习的影响很重要。

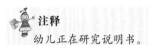

幼儿正在研究说明书。

图3-4

它的顶也像真的房顶一样。"

乐乐说:"就是,这个帐篷和我们以前搭的不一样。"

硕硕:"我们要搭成图片这样才成功!"

孩子们对说明书的发现和讨论让我非常吃惊,这是我预设中完全没有想到过的情景,一条新的支持孩子学习的线索就这样出现了。

我决定引导孩子们一下:"你们知道这个图叫什

 支持

帮助儿童建立借助说明书搭建帐篷的经验。

么吗?"

兰蓝天:"帐篷图。"

乐乐:"帐篷照片图。"

我:"这个图叫说明书,它就是用图的方式告诉你们这个帐篷该怎么搭。我们可以按照图上的顺序一边看图一边搭。想试试吗?"

我和孩子们一起重新把帐篷摆在地上。对照着图,孩子们惊喜地发现了哪一块是帐篷的身体,哪一块是帐篷的顶部,并商量着要先把身体立起来。(图3-5)

> **解读**
> 孩子们并不知道这个图片就叫说明书,这正是进一步引导孩子们深入认识说明书的契机。

图3-5

几个孩子一人负责扶着帐篷身子的一边,在说明书的帮助下,她们知道不规则形状的部分要朝上面,这样,帐篷身体很快就稳稳地立起来了。(图3-6)

图3-6

身子搭好了,涵涵、璇璇、天天开始搭房顶,可是因为身高限制,孩子们尝试了多次都没有成功。我主动询问孩子们:"需要老师的帮助吗?"孩子们说:"要!要!要!"于是我帮孩子们将房顶放了上去,可

反思

孩子们合作搭帐篷的行为让我感受到:游戏中的同伴互动能够促进儿童的知识建构,能向儿童呈现多种观念和想法,还能协调自己与他人的想法。儿童合作解决问题,能够让他们在彼此聆听中受到启发,在他人观点的基础上形成自己的想法,这都是非常重要的学习过程。

支持

当幼儿面对的问题超出幼儿水平时,教师要主动给予支持和帮助。

是刚一放上去,房顶就掉了下来,我又拿上去,结果又滑落了。(图3-7)孩子们觉得很奇怪。

图3-7

大姐姐璇璇围着帐篷看了一圈,指着帐篷身体与房顶之间的连接处,兴奋地告诉大家:"这里有好多扣扣,要把房顶扣起来才行!"边说边向大家演示。(图3-8)

图3-8

> **注释**
>
> 在班级娃娃家里,我就为孩子们提供了这种扣扣子的材料,以锻炼孩子们的手眼协调和自主服务能力,所以孩子们对这种材料并不陌生。
>
> 正是这样的游戏经历让璇璇能够迁移已有经验,解决帐篷身体与顶部的连接问题。

其他孩子看了璇璇的示范很快就明白了该怎么做，一起行动了起来。在大家的齐心协力下，帐篷终于搭好了。(图3-9、图3-10)

图3-9

图3-10

反思

借助说明书上的图示来搭帐篷，是孩子们从未有过的学习。他们的学习能力和效果比我想象的还要厉害。

新帐篷的搭建确实给了孩子们新的学习契机，也让我感受到教师及时回应儿童的兴趣与需要、并通过环境材料给予幼儿一些新的挑战能够将幼儿的游戏不断引向更高水平。

2. 让新帐篷不倒的方法

图 3-11

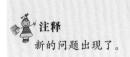 **注释**
新的问题出现了。

帐篷搭好后,孩子们迫不及待地涌进了帐篷。由于帐篷底部较轻,孩子们一进去,帐篷就被挤倒了!

根本没有办法在里面游戏。（图3-12）看到拥挤在帐篷里东倒西歪的孩子们，我决定组织大家一起来想办法让帐篷不倒。我对他们的期待越来越大，也希望他们再一次在接受挑战中学习。

图3-12

方法一：放小球与雪花片

借鉴刚刚行之有效的看说明书搭帐篷的经验，诺一仍然想在说明书中去寻求办法。他反复看了说明书后说："你们看，说明书上有海洋球，要往帐篷里面放海洋球帐篷才不会倒！"（图3-13）

支持

在某一特定问题发生时，让整个小组成员一起思考解决问题的方法是非常有效的，因为问题解决的措施不是来自于老师，而是来自于儿童本身，这本身有助于儿童的自我建构。

注释

说明书上的海洋球只是装饰。

图 3-13

 支持

能实现幼儿自我建构的环境应是一种鼓励自我导向学习、体验、问题解决和社会互动的环境。因此，鼓励、支持幼儿大胆验证自己的想法，能帮助幼儿自我建构知识。

孩子们同意了这个办法，纷纷找来了区角游戏区里的海洋球往帐篷里放，可是帐篷依然倒了。（图 3-14）

图 3-14

抓住问题我再引发孩子们思考,我问诺一:"为什么要往帐篷里面放小球?"(图3-15)

图 3-15

诺一说:"说明书上就是这样画的!"

涵涵和另外几个小朋友说:"帐篷下面要放东西帐篷才能站稳。"

达布说:"底部要重帐篷才可以站稳。"

我说:"为什么放了小球还是倒了?"

诺一说:"可能我们的球太少了,要多放一点,最好再放点雪花片才行。"

解读

幼儿有底部重才稳的已有经验。

支持

通过提问引发幼儿思考,帮助幼儿澄清认识,总结经验。

于是孩子们又拿来了一些小球和雪花片放了进去，（图3-16）可帐篷还是倒了。我说："怎么还是不行呢？"（图3-17）

璇璇说："那我们再想其他的办法。"

> **反思**
> 虽然达布已经说出了核心问题，但孩子们模糊的认知要转化为实际行为还需要用实践来支持，只有这样才能实现学习的完整性。

> **反思**
> 往帐篷里放小球让帐篷不倒虽然没有成功，但这是孩子们对借助说明书学习的延伸。作为教师我们应该给予幼儿大胆猜想，并验证自己的猜想的机会，这正是儿童发展自主探究能力的契机。

图3-16

图3-17

方法二：分腿坐

璇璇环顾帐篷一周，她把达布、悠悠和天天叫到了帐篷里面，让她们一个一个小心翼翼进入帐篷坐好，并让他们把腿打开。这次帐篷确实没有倒，可是他们坐在里面都不敢动，只要一躺下帐篷就会倒。（图3-18）这个办法虽然有用，但孩子们没有办法在里面游戏，

图 3-18

只好放弃,再想别的办法。

方法三:垫毯子

多次尝试都失败了,孩子们都有些沮丧。我正想着怎么启发一下孩子们,这时璇璇很疑惑地问我:"张姐姐,为什么你在娃娃家搭的帐篷不倒呢?"

璇璇的这个问题启发了我,我可以引导孩子们去娃娃家观察我搭的帐篷有什么不同,自己去发现解决问题的方法。

于是我赶紧回应:"就是呀,为什么我搭的帐篷不

解读

璇璇的这个问题提得非常有水平,体现了她善于观察和思考。往往提出一个好问题比解决问题还重要。

> **支持**
>
> 儿童的自我建构中,自我导向性行为是至关重要的。小班幼儿需要榜样、策略和鼓励来帮助她们发起自我导向型行为。
>
> **解读**
>
> 孩子们拥有底部越重越不容易倒的经验,发现垫子正是这个已有经验的迁移与运用。所以,在日常生活中丰富孩子的生活经验是推进孩子能持续深入探究的关键。

倒呢?你们可以自己去看看有什么秘密呢?"我鼓励孩子们自己去观察发现。

孩子们纷纷来到了娃娃家的帐篷里一探究竟。他们从里到外、从上到下看了很久。帐篷玩家璇璇似乎已经知道要让帐篷不倒重点在底部。她趴在地上,仔细观察,终于发现帐篷里垫了一个像地毯一样的软垫。她兴奋地叫到:"我知道了,帐篷里面要放垫子!"(图3-19)

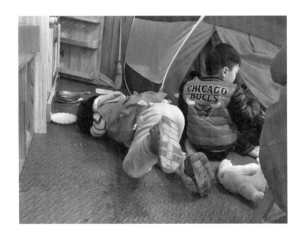

图3-19

孩子们被璇璇的发现吸引,纷纷上前仔细观察起来,他们认同了璇璇的建议,并向我又要了一张软垫。(图3-20)

图3-20

拿到垫子后,几个孩子轮番上阵都没有把垫子铺好,因为垫子有些大,需要折叠。我主动询问孩子们是否需要我的帮助,孩子们齐声说道:"要。"于是我进了帐篷铺好了垫子,孩子们在外面给我加油。垫子铺好后,帐篷稳稳地立了起来,孩子们在帐篷里的游

> **注释**
> 平时这些软垫供孩子们铺在地上玩小结构游戏,铺开垫子便自发分割成了一个个区域。

> **支持**
> 幼儿力所不能及时,教师可以适当援助。

戏也就开始了。(图 3-21)

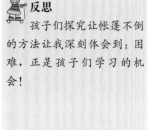

反思

孩子们探究让帐篷不倒的方法让我深刻体会到：困难，正是孩子们学习的机会！

图 3-21

四、帐篷医院游戏

1. 帐篷医院游戏的萌发

至此，班级里有了三顶帐篷。在新的帐篷里，孩子们还是从熟悉的过家家游戏开始，我也会偶尔被邀请去做她们的妈妈。孩子们很沉醉于这个游戏。

一天，一只"兔子"到娃娃家来做客时说："我生病了，发烧了。"做妈妈的悠悠开始为"兔子"客人量体温、看病。（图4-1）接下来的日子，每天都有生病的"兔子"去娃娃家里看病，帐篷就在"娃娃家"和简易的"帐篷医院"中不断切换着它的功能。

慢慢地，孩子们开始用各种积插玩具制作体温计、针筒、听诊器。（图4-2）

解读
孩子们似乎对医院游戏感兴趣。当搭帐篷已经不是孩子们的问题时，游戏也没有了挑战。我也正在寻找孩子们下一步学习的线索。医院游戏的萌芽，让我找到了下一步支持儿童的方向。

图 4-1　　　　　　图 4-2

一天晨间游戏时,璇璇大喊:"兔妈妈生病了!我们快去给兔妈妈看病呀!"我就这样被孩子们安排"生病"了。

一群小朋友们围到了我的身边。

硕硕摸了摸我的头:"发烧了,必须要去医院输液。我们快把她送进医院吧。哪里有救护车呀?"

伦伦从操作区拖了一块泡沫,一边发出"滴喂儿,滴喂儿……"的叫声,一边跑过来:"救护车来了,救护车来了。"

孩子们让我躺在白色泡沫垫上,并一起拖着泡沫

解读

教师伙伴式参与让幼儿的游戏得以继续发展。

垫将我向帐篷门口拉了一段距离。（图4-3）

图4-3

兰蓝天拿着玩具做的听诊器对我说："你咳嗽得很厉害，要打针才行！"

康康："还是先给兔妈妈吃颗药吧！"

有的孩子开始手忙脚乱地给我贴"退烧贴"、按摩、"打针"。尽管场景有些乱，我也因此吃了很多"药"，打了很多"针"，但孩子们齐心协力救兔妈妈的场景，让我看到了孩子们对扮演医生、护士角色的兴趣，这是我拓展孩子们的学习的又一次好契机。（图4-4）

 支持

搭帐篷活动更多指向的是儿童思维能力、问题解决能力以及动手能力的培养，而医院游戏则能为儿童社会性的发展提供更多的可能性。

图 4-4

> 🐝 **解读**
>
> 医院游戏是我下一步支持儿童学习与发展的线索。

2. 医生拒绝看病后的讨论

图 4-5

就在我以为医院游戏会不断丰富、持续下去时，帐篷医院却出现了医生只玩材料却找各种理由拒绝给病人看病的现象。（图 4-5）这一天，我旁观了孩子们的游戏。

支持

观察儿童游戏，发现真实问题是教师有效支持的前提。

齐齐:"医生,我肚子疼!"

达布医生:"我不会看肚子疼!"

璇璇医生:"我们这里不给肚子痛的看病!"

硕硕医生:"你应该到门诊部去看,这里是住院部。"

婉婉医生:"你回家躺着就可以了,一会儿就不痛了。"……

齐齐难过地向我求救:"张姐姐,他们都不给我看病。"(图4-6)

图4-6

我:"齐齐肚子都疼成那样了,你们就给看一下

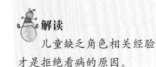

解读

儿童缺乏角色相关经验才是拒绝看病的原因。

吧。医生的职责就是给病人看病呀。"

璇璇:"我们都不会看肚子痛的病。"

达布:"我们不是真的医生。"

硕硕:"我们没有药,这些针也全部都是假的。"

持续观察她们的游戏,她们虽然穿着医生、护士的衣服,但并没有真正扮演医生、护士的角色,时而几个小朋友聚在一起摆弄医用工具箱,时而带一些玩具到帐篷里面玩。(图4-7)孩子们的角色意识仍比较淡薄。可见,已有经验的不足已经制约了游戏的持续推进。丰富孩子们对医生护士的角色的认知已经迫在眉睫。

解读

从孩子们的语言和行为中我看到孩子们的角色意识仍比较淡薄,游戏内容也趋向随意。他们扮演着医生、护士的角色,却没有太多的角色行为,这些均让我意识到孩子们拒绝看病背后是缺乏对医生护士角色行为的认知。

注释

角色游戏是创造性地反映现实生活的一种游戏,因此幼儿的已有生活经验、角色认知水平直接决定了游戏的水平。

图4-7

如何丰富孩子们的角色经验呢？我决定邀请幼儿家属、华西附二院儿科张医生进入班级。在孩子们不知情的情况下，由老师扮演"肚子痛的兔妈妈"，一起上演一场"拯救兔妈妈"情景剧，通过真实再现医生看病全过程，丰富孩子们的角色认知。

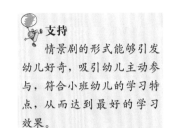

支持

情景剧的形式能够引发幼儿好奇，吸引幼儿主动参与，符合小班幼儿的学习特点，从而达到最好的学习效果。

反思

幼儿教育最难的不是教什么，而是怎么教。教育对象越小，所使用的方法越综合。基于建构主义的课程理论强调幼儿的自我导向性行为，即幼儿的主动学习。因此，采取什么样的方式吸引幼儿主动学习是教育教学中应思考的重点。

五、医院游戏——从模仿到创意

1. 以情景剧丰富幼儿做医生的经验

这天下午,孩子们正沉浸在游戏中时,突然马老师捂着自己的肚子说:"哎呦,我的肚子好痛啊!"

张老师喊:"有医生在吗?"

正扮演着医生角色的硕硕跑了过来:"马老师,你怎么了?"

马老师:"我肚子痛得厉害!"

璇璇:"马老师要送医院才行。"

我:"那我们赶紧给医院打电话吧。电话是多少呢?"

达布:"要拨打120。"

我拨通了电话,给医生描述了马老师的病情。不一会儿,张医生手提医药箱来到了教室。孩子们惊呆

注释

为了引发孩子们的关注,马老师扮演得非常真实。

注释

张医生手提的医药箱是教师购买的供幼儿玩医院游戏的仿真医药箱,张医生就用该医药箱里的工具为马老师看病,目的是在自然情境中为幼儿示范工具的用法,引发幼儿使用工具的兴趣。

了：真正的医生来了。

张医生看到马老师说："你哪里不舒服？"张医生用手按了按马老师肚子上的不同部位，并问她哪里痛。（图5-1）

> **注释**
> 张医生从语言到行动都在给孩子们示范医生给病人看病的常规流程，以丰富孩子们对医生角色的认知。

图5-1

张医生："你头痛吗？拉肚子了吗？"

马老师："我头不痛，拉肚子了。"

张医生："你昨天吃什么东西了。"

马老师："吃了冰激淋。"

张医生："不能吃凉的东西，尤其是冰淇淋，吃了

就会拉肚子。小朋友你们不能像马老师学习哦。别再吃冰激淋了。"（图5－2）

图5－2

张医生："我给你开点药，一天三次，一次一包。然后再打两针应该很快就好了，以后别再乱吃东西了，而且吃东西的时候一定要把手洗干净。你知道正确的洗手方法吗？"

马老师："请你告诉我，好吗？"

张医生："那我现在就来教你，小朋友也一起来学习吧！"（图5－3）

注释

孩子们爱吃冰激凌是家长们向我们反应的孩子的不良习惯。在这里有意请张医生将此事自然融入情景剧中进行强调，是期望通过医生的威慑力帮助幼儿改掉饭后吃冰激凌的不良习惯。

图 5-3

孩子们听得非常认真专注，带着一颗好奇的心，看完了张医生为马老师治病的全过程。

张医生看完病后将工具箱留给了孩子们，并嘱咐班级里的小医生们："以后班级里有人生病了，就由你们给大家看病哦！"孩子们对张医生拿来的工具箱很好奇，纷纷跑来围观，并详细询问张医生工具箱里的工具都叫什么，是怎么用的。张医生也被孩子们的天真和学习热情所感染，耐心地为孩子们演示与解答。（图 5-4）

注释

张医生留下工具箱是为了再次激发幼儿玩医院游戏的兴趣。

图 5-4

"拯救兔妈妈情景剧"的上演正如我们所期待的那样,孩子们完全被吸引了,也大大激发了孩子们的游戏兴趣。

> **反思**
> "情景剧"的成功上演让我体会到:教育的方法策略直接决定了学习的有效性,对于越小的孩子越应重视思考适宜的教育策略。

2. 多种方法找病人

图 5-5

接下来的几天,孩子们对扮演医生、护士的游戏兴趣异常高涨。孩子们都在兔子家扮演着医生、护士的角色,兔子家也变成了医院。孩子们很想给人看病,但苦于没有病人,怎么办呢?(图 5-5)

反思

孩子们对医院游戏持续高涨的兴趣让我真切地感受到已有经验是推动角色游戏持续深入推进的关键。只有孩子们有了丰富的角色经验之后,他们才能够进行创造性的表达,才能够真正投入到角色当中去。

方法一：给小动物看病

每天近一小时的区角游戏时间，刚开始还有几个病人会主动去看病，但没多久就没有病人来问诊了。渴望当医生的孩子们开始走出医院，他们开始给娃娃家里的一切绒毛玩具看病，甚至给老师讲故事用的手偶看病。没有病人的医院游戏就这样得以持续。（图5-6）

解读

游戏中的问题激发幼儿自主建构了解决问题的方法——寻找替代物。

图5-6

方法二：去往各处找病人

一天，琪琪在娃娃家给毛绒玩具看病时，月月笑话她说："医生是给人看病的，不是给动物看病的。"

> **解读**
> 寻找病人的过程锻炼了孩子们的语言表达和社会交往能力。

医生们似乎受到了启示，开始抱着医药箱，挨着问每一个小朋友："你生病了吗？""你要看病吗？"虽然不是每次都能找到病人，但总有回应的孩子。医生们乐滋滋地继续着游戏。（图5-7）

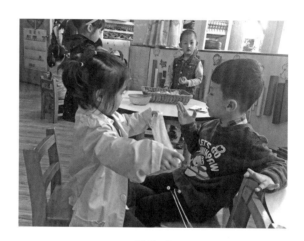

图5-7

方法三：喊号找病人

> **解读**
> 幼儿将自己的生活经验迁移到游戏情境中，对小班幼儿来说，这是高水平游戏了。

硕硕好长一段时间都没有玩医院游戏了。这天他又当起了医生，但很快就没有病人了。其他医生都抱着药箱找病人去了，他却在帐篷门口喊起号来："徐一

图 5-8

航,该你看病了。"

正在看书的徐一航听到喊声,觉得很好玩,很配合地就过去看病了。待看完一个后他又开始喊:"陆松年,你的号到了,该你看病了。"没想到这个办法真有用,被叫到的小朋友都陆陆续续来医院看病。硕硕就这样轻松地找到了病人。

接下来的日子,孩子们再玩医生角色游戏时,给小动物看病、外出找病人、喊号找病人这些方法都会用上,医院也因不缺病人而变得红红火火起来,当然也更加受孩子们的青睐。

反思

当孩子们投入到自己感兴趣的角色当中时,他们才能更好地发挥自己的主观能动性,正如案例中的小医生、小护士们,因为有迫切的想要扮演医生、护士角色的动机,所以在遇到没有病人的问题时,他们能够积极思维,调动自己的已有经验,想到各种解决该问题的办法,这丰富了游戏的内容,也提升了游戏的水平。在这里我看到了兴趣、动机、经验对孩子学习的重要影响。

3. 曹曹医生学开处方单

图 5-9

这天,璇璇和兰蓝天仍然拿着医药箱四处找小朋友看病。他们走到仔仔面前,摸了摸了仔仔的头说:"仔仔,你发烧了!我们给你看病好不好?"(图 5-10)

图 5-10

仔仔很高兴地同意了。小医生们先是给仔仔打了一针,然后给仔仔贴上了"退烧贴"。(图5-11)

解读
游戏中儿童出现了大量的想象替代行为。

注释
孩子们用"创可贴"替代"退烧贴"。

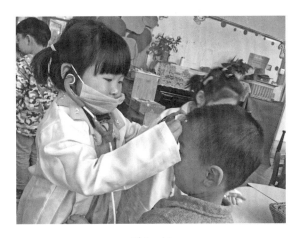

图5-11

好不容易抓住一个十分配合的病人,璇璇医生又给仔仔检查了牙齿。(图5-12)

璇璇:"你有一颗虫牙,这颗牙已经被虫子吃了一个黑窟窿!"

仔仔:"那怎么办呢?"

璇璇:"要吃药把虫子杀死。"

图 5 - 12

曹曹医生听到他们的对话,赶过来对仔仔说:"你到我这里来,我给你开个药单。"

曹曹向老师要了一张便利贴,在上面画了一些线条和圈圈,(图 5 - 13)还拿处方单对仔仔说:"你看,你的牙齿坏掉了一颗,我们给你换了一颗,给你拿两颗药,一天吃一次,每次 1 颗哦!"仔仔点点头。

就这样,处方单开始在医院出现。刚开始,孩子

解读

曹曹正在发展前书写的技能,她知道书写能够表达自己的意图。

注释

曹曹开处方单的想法是受张医生看病时开处方行为的启发。

图 5 - 13

图 5 - 14

们也是用便利贴勾勾画画。当家长们在班级微信圈里看到孩子们的游戏现状后,便热心地为我们制作了标

支持

为儿童提供书写工具及处方单可以引发孩子们的书写行为,丰富游戏内容,提升游戏水平。

准的处方单。虽然孩子们还分不清处方单上的几个内容，但他们却热衷为病人开处方。刚开始，孩子们只会画一些简单的涂鸦式的线条来表达自己的意思。渐渐地我发现孩子们记录中开始出现了有意义的符号，（图5-15）就像下图所示：第一格症状处，孩子画的是一颗坏牙齿，旁边画的是一颗好牙齿，好坏牙齿对比说明牙齿坏了。"病情的经过"栏的符号表示开了两颗药，最后一格表示一天一颗。孩子们记录的每一个符号都是有意义的。

> **解读**
>
> 在游戏中孩子们的表征能力逐渐得到提升。表征为孩子提供了智力上的挑战。儿童在开处方时需要思考怎样表达表现才能让别人知道自己的想法，这样的思考会让孩子在游戏中更为投入，同时也增加了孩子们与同伴沟通、交流的机会。

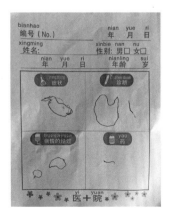

图5-15

曹曹对开处方单的兴趣引发了更多小朋友的兴趣，丰富了医院游戏的内容，从而将医院游戏推向了一个新高度。曹曹的行为让我感知到，同样的情景剧，孩子们感兴趣的点和收获到的信息是不同的，每个孩子关注的都是自己感兴趣的内容。另外，开处方单的行为也并不是在情景剧过后孩子们马上表现出来的，而是随着医院游戏的发展在后期表现出来的。因此，多帮助孩子积累丰富的游戏经验，多给予孩子一些时间，孩子们一定能给我们惊喜。

六、为医院取名——融入更多学习

医院游戏已经玩了一段时间了,我在想,医院游戏除了让孩子感知体验角色,满足孩子扮演的需要外,是否还可以融合一些其他方面的学习,比如语言、数学领域方面的内容。我突然想到"为医院取名字"也许是一个不错的点。取名字能够锻炼孩子的概括能力和表达能力,而取名后的统计又可以融合一些数学的学习,于是"为医院取名字"的活动应运而生!(图6-1)

支持

游戏中除了要支持满足孩子的游戏兴趣,还需要将儿童的学习与发展目标自然地融合到游戏中,并有意识地在游戏中逐步实现他们。要实现这些目标教师就需要不断丰富孩子们的游戏内容以支持、深化孩子的游戏经验。要避免以强制性的任务去打断儿童的游戏。"为医院取名字"正是基于这样的思考所产生的活动,既是孩子感兴趣的话题又能引发孩子更多领域的学习。

图6-1

我问孩子们:"你们那么喜欢医院游戏,可是我们

支持

用关键性问题调动幼儿的兴趣,引发幼儿思考。

的医院还没有名字呢。我们来给医院取个名字吧!"

孩子们一听要取名字很兴奋,纷纷都提出自己的建议。(图6-2)

图6-2

璇璇说:"叫彩虹医院,帐篷的颜色很像彩虹!"

伦伦:"叫国旗医院,帐篷上面有个国旗。"(图6-3)

达布:"叫房子医院,帐篷长得像房子。"

月月:"叫苹果医院,生病的人吃苹果好得快。"

齐齐:"叫宝石医院,帐篷闪闪发光。"

解读

儿童起的名字都是有一定逻辑关系的,起名字激活了幼儿的思维,提升了幼儿的表达概括能力。

婉婉:"叫雨伞医院,帐篷长得很像一把雨伞。"

硕硕:"叫五星医院,帐篷是红色的。"

兰蓝天:"叫天天医院,因为我的名字叫兰蓝天。"

扣扣:"叫爱心医院,医生都是有爱心的。"

小米:"叫球球医院,帐篷的颜色像皮球。"

图 6-3

我说:"我们的医院只有两个,这么多名字怎么办呢?"孩子们便嚷嚷起来:"我的最好听,我的最好听。"

我说:"这样,我们来投票!每一个小朋友选择你

 支持

粘贴投票的方式非常符合小班孩子的年龄特点。动手粘更能激发幼儿参与的兴趣,让幼儿在操作中学习统计的方法,练习点数的技能。

最喜欢的一个名字,把粘粘贴在下面。得票最多的两个名字就成为我们医院的名字可以吗?"

"好,我最喜欢投票了。"

接着孩子们都参与了投票。投票结束,我们通过数数一起与孩子们统计了每个名字的得票数。经统计,"彩虹医院"和"国旗医院"成为医院最终的名称。(图6-4)

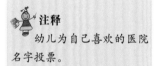

注释
幼儿为自己喜欢的医院名字投票。

图6-4

七、无处不在的医院
——无处不在的学习

> **解读**
> 无处不在的医院游戏,让我看到了孩子们对医院游戏的浓厚兴趣。

户外游戏时间到了。在带孩子们去幼儿园后院玩耍的路上,小米大喊:"天天生病啦!"边说边着急地给曹曹医生打电话。曹曹医生过来抱了抱天天,他说:"我现在不是医生,没有办法给他看病。"几个孩子就一直跟在曹曹医生后面喊:"曹曹医生,给天天看看病吧!她快要'死'啦!"(图7-1)

图7-1

在大家的请求下,曹曹终于同意给天天看病了!球变成了药,树枝变成了针。(图7-2、图7-3)

> **解读**
> 球和树枝的应用展现了孩子们较强的替代表征能力,他们的医院游戏已经可以不受材料的限制,孩子们的游戏水平明显提升。

图 7 - 2　　　　　　　图 7 - 3

　　我也被这么一群如此有游戏精神,如此迷恋医院游戏的孩子们感动着,思考着后续可以如何更好地支持孩子们的游戏。

启示

1. 怀着敬畏之心去发现儿童的兴趣和需要

关注幼儿的生活和游戏,对幼儿始终怀有敬畏之心是发现幼儿兴趣的前提。本活动不是我们预设的,而是我们根据幼儿的游戏行为作出相应的价值判断后不断生成的。在桌子底下玩看似是小孩子很淘气的一种行为,如果当时我们制止了孩子这样的行为,这个活动不可能得以拓展和延续。在这个案例中我们不但没有制止,反而看到了儿童行为背后隐含的教育价值,就是因为我们相信幼儿的一切行为都是有原因的,都反映了他们的某种兴趣或需要。正是这种信念引导我们去走近幼儿,解读幼儿。当幼儿探索自己感兴趣的事物时,强烈的内部动机会促使他们投入极大的热情,表现出极强的主动性,不断发现问题、解决问题,体验到活动的乐趣和成功的喜悦。因此,在支持幼儿持续探究的过程中,把握与追随幼儿的兴趣和需要至关重要。

2. 心中要有儿童学习与发展的地图

在观察、解读幼儿的过程中,我们既要以一般幼儿的年龄特点、认知特点、思维水平为依据,又要关注幼儿的个体差异。本案例让我们进一步深刻认识到，小班幼儿的探索不是那么有目的性的，他们的兴趣容易发生转移，容易受同伴的影响，因此，教师的及时接纳、介入、引导非常重要。只有知道幼儿需要发展哪些知识或技能以及相关的学习品质，了解幼儿既需要自我建构也需要社会建构，才会在幼儿探究过程中自然而然地去促进幼儿的学习与发展。比如在本活动案例中，不断引导幼儿学习遵守游戏规则、与他人合作、理解尊重他人、积极尝试和思考、遇到困难要坚持到底等都成了幼儿的学习内容。所以，教师心中要有幼儿学习与发展的目标，即心中要有与幼儿发展阶段相适应的学习与发展地图，只有这样才能在一日生活中灵活把握教育契机，促进幼儿的学习与发展。

3. 抓住各种有益于儿童探究的问题情境

幼儿的主动探究和学习是从产生疑惑并想解决问题开始的。从本活动案例中我们可以看到，幼儿精彩的学习几乎都发生在幼儿面临困难、产生疑问、解决问题之际。只有真实的问题情境才能激发幼儿的好奇心和学习潜力。幼儿每一次面对困难、解决问题时都能调动已有经验，从而获得新的知识经验，积累集体生活的智慧。因此，教师要随时关注、把握活动的走向，抓住恰当的时机引发幼儿的认知冲突，激发幼儿的思考，让幼儿的探究更加聚焦，从而让幼儿获得更加有效的学习与发展机会。

4. 社会交往能够促进幼儿知识的建构

本案例让我对小班幼儿的游戏行为又有了新的认识：小班幼儿不仅仅是平行游戏，他们也有与同伴合作的能力。在和小朋友一起游戏的过程中，他们的思维、想象力和各种社会性交往能力都能得到充分的发展，他们在团队中更能体会到一种成就感。

因此，在教育教学中创设小班的环境时可以有意识地为幼儿提供一些能够引起幼儿合作行为的材料，提供一些幼儿独自完成时有一定难度或者独自游戏没有什么乐趣的活动材料，这样能够引发幼儿更多的同伴交往行为，让幼儿在反复练习中学会与人合作，同伴的参与也能够使得他们的探究更深入更持久。

后记

成都市第十六幼儿园园长　余　琳

游戏，是学前教育课程最重要的组成部分，是"儿童本位"课程观的具体体现。幼儿园的课程就是一件件正在发生的事，一连串幼儿游戏过程中的故事就构成了儿童的成长课程与生命历程。

我园自2007年开始，就一直致力于抓住"游戏"的精髓，在儿童自主游戏引领下构建以"游戏，绽放童年生命"为核心理念的幼儿游戏园课程。"玩帐篷"课程案例，就是在教师不断走进幼儿游戏现场，研读幼儿游戏需要，预期幼儿发展目标，支持幼儿探究行为，助推幼儿深度思考，帮助幼儿梳理经验中总结出来的。我们希望读到这个案例的教师们，能体悟游戏在娱乐性、随意性中隐含的学习与发展，感知教师在提升幼儿游戏质量过程中的重要价值。

一、价值观——课程的重要价值是建构学习者的自我形象

"玩帐篷"课程案例，教师对儿童的引导、支持、评价均不是在知识和技能上，而是聚焦在儿童的学习品质上，如好奇、坚持、合作、思考、创意等。这一取向，隐含着我们对课程的价值追求，即在课程实施中发掘儿童的优势，在儿童能做的事情中培养儿童的学习品质、思维能力与良好的学习习惯，构建幼儿积极的自我形象，为其终身发展做好准备。这一价值追求是该课程案例建设的起点与归宿。

二、过程观——课程实施的过程就是观察、解读与支持幼儿游戏的过程

"玩帐篷"中儿童的学习活动都不是教师预设的,而是基于幼儿的兴趣生成的。教师用问题引发幼儿讨论和思考,激发幼儿探索的欲望,鼓励幼儿勇于尝试,并给予幼儿充分的信任,提供自由的时间和空间,让幼儿自主操作、自我反思和总结。在与环境的互动中,"玩帐篷"既建构了幼儿解决问题的经验,也建构了幼儿对自我的认知,树立了幼儿自己是有能力的学习者的形象。这一过程就是对儿童游戏行为的观察、解读与支持的过程。这样的过程让该课程实施的过程真正变为儿童自主成长的过程。

三、形式观——课程展开的基本形式是对话与分享

"玩帐篷"的推进过程,实质就是一个对话过程,不仅体现在活动发展过程中师幼之间的对话,还体现在幼儿与幼儿之间的对话,幼儿与材料之间的对话,幼儿与家长之间的对话。这样的对话让幼儿能感受到教师、家长、同伴对自己的认可,欣赏自我发展的力量,在对话过程中不知不觉地推进着活动走向更高的游戏水平。这些对话为教师的下一步计划提供了信息,为进一步完善课程奠定了基础。这样的基本形式是该课程推进的基本形式。

四、效益观——课程的最大效益是促进孩子、家长、教师、幼儿园的共同发展

《玩帐篷》的重要功能体现在四个方面:一是来源于儿童,让儿童构建起自我的认知;二是得到家长的关注,让家长了解孩子的成长力量;三是体现教师价值,激发教师走进幼儿的热情;四是与幼儿园同事分享,丰富了幼儿园的课程资源。因此,"玩帐篷"实际上是一个中介,既记录和支持着儿童的发展,也是家长了解孩子、理解认同幼儿园教育的良好途径,还可以促进儿童、教师、家长之间的互动互惠。在游戏过程中孩子、家长、教师、幼儿园的共同成长,是衡量该活动效益的重要标准。

幼儿教师专业成长书系

综合

我的幼儿教育故事	朱家雄 著
幼儿识字与早期阅读	朱家雄 著
图说幼教	周念丽 著
幼儿教师的教育哲学观：通向幸福的教育之道	胡华 著
幼儿教师的教育智慧：来自实践现场的倾听与对话	胡华 编著
幼儿合作性游戏棋：配备、设计制作与应用	郭力平 等著
幼儿数学玩具：设计制作与应用	郭力平 等著
与幼儿对话——这样说，孩子更开心	[日]增田香 著 卢中洁 译
儿童早期发展中的观察与评估	[德]沃尔夫冈·波特 等著 王晓 译
儿童学习品质：概念、方法与应用	冯丽娜 著
儿童同伴文化：走进幼儿园田野中的儿童世界	林兰 著
幼儿教育师资有效供给研究	张根健 著
幼儿园课程与教学问答50例	吴振东 著

幼儿园管理

幼儿园工作流程图解（第二版）	张欣 主编
幼儿园区域环创指导	王秋 主编
幼儿园环境创设	郭晓盛 郭海燕 主编
消弭边界——幼儿园户外环境赋能与教研支持	林美津 朱小艳 主编
幼儿园应用文写作指导	张欣 刘秦中 主编
学前教育专业毕业论文写作指导	张亚妮 主编
上海市幼儿园信息化建设与应用指南（试行）及标杆园创建应用案例	上海市教育委员会信息中心学前教育信息部 编

家园共育

家园共育课程	董颖春 主编
幼儿园、家庭、社区协同共育	吴冬梅 主编
课程·教师·共育：幼儿园至真教育	韩凤梅 主编

探究活动与课程

幼儿园探究活动案例	卢娟 唐雪梅 主编
幼儿园探究课程怎么做	唐雪梅 著
在探究中成长——幼儿园科学项目活动精选	肖菊红 主编
在玩中学——幼儿园科学微项目活动精选	肖菊红 主编
在自然中生长——幼儿园亲子游项目活动精选	肖菊红 主编
小小探究家——幼儿园项目探究活动精选	华婷 编著
在做中学——幼儿STEM项目活动精选	杨凌 主编
幼儿园田园课程：游戏与学习	黄小燕 著
幼儿园"五动教育"	潘晓敏 主编
幼儿语言核心经验与活动设计	王晓燕 主编
听说，故事可以这样"讲"——幼儿园文学与艺术统整课程	方红梅 主编
幼儿园民间美术活动设计方案	林琳 主编
当代艺术与美国儿童美术教育	顾菁 著
幼儿园创意美术主题活动方案（上、下）	程沿彤 王燕媚 主编
幼儿园社会体验课程设计22例——"小钟娃"社会体验课程构建	李丽丽 主编
致善之路——幼儿园感恩教育探索与实践	欧赛萍 主编
幼儿园互动式主题课程（小班）	张雪 黄艳 主编
幼儿园互动式主题课程（中班）	张莉 郝江玉 主编
幼儿园互动式主题课程（大班）	郝江玉 董晓妍 主编

活教育

"活教育"中的食育	周念丽 主编
"活教育"中的托育	李然然 张照松 主编
"活教育"中的托育课程建构与实施	蔡樟清 主编

幼儿教师专业成长书系

"活教育"中的民族文化教育	邢保华 主编
"活教育"中的致善教育	欧赛萍 主编
"活教育"中的"三生"教育	郁良军 主编
"活教育"中的山西文化之旅	沃德兰东大 主编
"活教育"中的乡土资源教育	李桂芳 主编
好玩的甲骨文	张红霞 主编

戏剧教育

儿童戏剧教育概论	林玫君 著
儿童戏剧教育活动指导： 肢体与声音口语的创意表现	林玫君 著
儿童戏剧教育活动指导： 童谣及故事的创意表现	林玫君 著

活用绘本

绘本中的创意美术	林琳 主编
绘本中的音乐创作与活动	周杏坤 兰芳 主编
绘本中的戏剧活动	瞿亚红 主编
绘本中的舞蹈	张海燕 主编
绘本中的科学	应彩云 王红裕 主编
中国原创绘本主题活动设计	郑蕙苡 沈荣 主编

游戏活动与课程

图解游戏：让幼儿教师轻松搞定游戏	鄢超云 总主编 余琳 文贤代 吴庆国 主编
图解游戏：让家长秒懂游戏	鄢超云 总主编 余琳 文贤代 吴庆国 主编
观察点亮游戏	北京荣和教育儿童研究发展中心 主编
嘉阳的18次挑战	鄢超云 余琳 主编

你好，蚕宝宝	鄢超云 余琳 主编
玩帐篷	鄢超云 余琳 主编
做泡菜	鄢超云 余琳 主编
利津户外游戏	赵兰会 刘令燕 主编
童谣游戏 1/2	胡志远 张舒 主编
幼儿园游戏精编 1/2	周世华 刘昕 主编
婴幼儿游戏活动 300 例	程沿彤 主编
快乐学数 智慧玩数	陈青 主编
游戏美术	武千嶂 卞洁华 主编
回归生活——幼儿园教育活动案例及评析	夏力 主编
幼儿园游泳课程探究	毛美娟 诸君 主编
幼儿运动分解教学	窦作琴 主编
幼儿足球训练游戏	张光元 陆大江 主编
亲子运动游戏	刘继勇 陆大江 主编
3-6 岁儿童运动游戏实例	陆大江 张勇 主编
儿童长高运动游戏指导	庞海 陆大江 童梅玲 主编

婴幼儿托育

托育机构一日活动操作指引	茅红美 王岫 主编
托育机构一日活动方案	茅红美 金荣慧 主编
0~3 岁亲子早教课程	陈海丹 主编
0~3 岁婴幼儿托育课程设计上册	张星星 主编
0~3 岁婴幼儿托育课程设计下册	张星星 主编
托育机构运营管理实务手册	陈玲 主编
培育 0~3 岁儿童核心素养	寇爽 主编
宝贝和我的幸福时光——祖辈科学育孙指导	何慧华 主编